Delattre (Ch.)

Histoire Naturelle
des Petits Enfants

(1882).

HISTOIRE NATURELLE
DES PETITS ENFANTS

7ᵉ SÉRIE IN-12.

Propriété des Éditeurs.

HISTOIRE NATURELLE

DES

PETITS ENFANTS

PREMIÈRES CONNAISSANCES

POUR APPRENDRE L'HISTOIRE NATURELLE

PAR CH. DELATTRE.

LIMOGES
EUGÈNE ARDANT ET C¹ᵉ, ÉDITEURS.

HISTOIRE NATURELLE
DES
PETITS ENFANTS

CHAPITRE PRÉLIMINAIRE.

Que fais-tu donc là, Jules? dit M. Lorimer à son fils, qu'il trouvait installé dans son cabinet, profondément enfoncé dans la lecture d'un journal.

JULES.

Je lisais quelque chose qui ressemble à un conte de fée; c'est un homme qu'on appelle un dompteur, qui entre dans la cage d'un lion, qui fait ramper l'animal à ses pieds, le frappe s'il n'obéit pas, lui présente à manger et le lui retire... Tout cela n'est pas vrai, n'est-ce pas, mon père?

M. LORIMER.

Tout cela est vrai... Les DOMPTEURS, comme on les appelle, et qui sont à la mode aujourd'hui, ne sont pas renouvelés des Grecs, mais des Romains, qui avaient des dompteurs fort habiles.

JULES.

Mais mon oncle m'a donné un livre où l'on dit que les lions et les tigres sont des animaux très féroces, qui dévorent les autres bêtes et même l'homme; j'y ai lu aussi que le tigre massacrait tout ce qu'il rencontrait, sans avoir faim, pour satisfaire sa terrible passion pour le meurtre et le sang.

M. LORIMER.

Ce livre n'est pas un oracle, et il t'a induit en erreur.

JULES.

Comment, le lion et le tigre ne sont donc pas féroces?

M. LORIMER.

Il faut s'entendre sur la valeur du mot féroce. Les animaux carnassiers se nourrissent de chair, et la plupart de proies vivantes; lorsqu'ils sentent le besoin de prendre de la nourriture, il faut bien qu'ils se mettent en chasse ou à l'affût, et qu'ils immolent la victime qui se présente à eux. Ce besoin de prendre la nourriture convenable à leur espèce constitue ce que l'on nomme férocité... La faim une fois apaisée, l'animal devient inoffensif, et s'il n'est pas attaqué le premier, il ne violera nullement la paix, il ne se montrera l'ennemi d'aucune espèce vivante.

JULES.

Ainsi le tigre n'égorge pas pour le plaisir de voir couler le sang?

M. LORIMER.

Nullement... J'ajouterai à ce que je viens de te dire que les animaux n'attaquent jamais l'homme les premiers; ils s'irritent s'ils sont poursuivis, ils vendent chèrement leur vie si l'homme veut la leur ravir. En cela ils obéissent à la loi de la conservation de l'espèce établie par la nature; l'instinct de défense est inné dans tous les êtres vivants.

JULES.

De sorte qu'un lion ou un tigre ne m'attaquerait pas, si je ne l'attaquais le premier?

M. LORIMER.

Non, à moins qu'un long

jeûne ne les mette dans un état d'excitation qui n'est plus leur état naturel; dans ce cas, ils ne connaissent plus rien, ils se jettent sur tout ce qu'ils rencontrent, aveuglés par la fureur du besoin ; ils ne se conduisent pas alors autrement que l'homme en pareille circonstance. Combien de fois n'a-t-on pas vu de malheureux naufragés, privés de nourriture, se jeter, exaspérés par la faim, sur leurs compagnons d'infortune, et les dévorer?

JULES.

Ah! oui, comme les naufragés de la MÉDUSE; j'ai lu cette terrible histoire.

M. LORIMER.

Les animaux carnassiers sont si peu redoutables pour l'homme que, dans l'antiquité, du temps de Carthage et de Rome, le nord de l'Afrique fourmillait de lions et de panthères, au point que l'on prenait ces animaux pour les conduire par troupeaux à Rome; et néanmoins la population de ces contrées était alors aussi abondante que de nos jours celle de l'Europe.

JULES.

Je n'aurais pas aimé habiter dans un pareil pays. Mais que faisaient les Romains de tant de lions et de panthères?

M. LORIMER.

Ils les faisaient combattre dans le cirque contre des esclaves dressés exprès, que l'on nommait gladiateurs; d'autres fois ils excitaient la rage de ces animaux, après les avoir privés de nourriture, et les lançaient par centaines les uns contre les autres. C'était pour le peuple romain un délicieux spectacle que de voir les ongles tranchants, les dents acérées des lions s'enfoncer dans les chairs palpitantes des hommes, des cerfs, des gazelles, des loups, des chiens, des tigres; ils applaudissaient en voyant couler le sang à grands flots, ou lorsque le rhinocéros et l'éléphant éventraient ou étouffaient leurs furieux adversaires.

JULES.

Mais c'est abominable! ils étaient bien méchants ces Romains!

M. LORIMER.

Le peuple de Rome était un monstre à cent mille têtes, bien digne d'être gouverné par des Néron, des Caligula et des Domitien.

JULES.

A quoi leur servaient ces dompteurs dont tu me parlais tout-à-l'heure?

M. LORIMER.

A dresser des animaux. Comme le grand tigre royal de l'Inde était fort rare à Rome, on ne le sacrifiait pas avec prodigalité, comme les lions et les panthères ; mais les hommes appelés bestiaires les apprivoisaient et les dressaient à chasser le cerf, le daim, la gazelle et le chevreuil dans le cirque, que l'on transformait pour ces solennités en forêt, en y plantant des arbres. Ces tigres obéissaient à leurs gardiens, et après la représentation ils les suivaient dociles et souples comme les meilleurs chiens, et rentraient dans leurs loges. On raconte des choses merveilleuses de l'adresse de ces hommes, qui pliaient les animaux les plus forts à leur volonté, au point de contraindre l'éléphant, ce colosse animé, à monter et à danser sur la corde tendue.

JULES.

Un éléphant devait faire là-dessus une drôle de figure; j'aurais bien voulu en voir un faire le saut périlleux! Ainsi les dompteurs dont parle le journal existent bien réellement?

M. LORIMER.

Oui; ce sont deux Américains; l'un se nomme Van-Amburgh et l'autre Carter : ayant entendu parler des hauts faits d'un autre homme, appelé Martin, qui a fait fortune en se montrant dans les divers théâtres des villes de l'Europe, où il paraissait dans une cage en compagnie d'un lion et d'une hyène, ils imaginèrent de recourir au même moyen pour s'enrichir. Van-Amburgh, simple cornac d'une ménagerie ambulante d'Amérique, imita le premier Martin, sur lequel il enchérit; et Carter, qui parut après lui, les surpassa encore en audace; car ce dernier ne se contente pas d'entrer dans la cage de ses animaux, mais il les produit en public, sans clôture ni entraves, il les couche les uns sur les autres, les frappe, se roule sur eux, attèle un lion à un char, sur lequel il monte comme un triomphateur.

JULES.

Probablement que les dompteurs romains n'en faisaient pas autant.

M. LORIMER.

Ils faisaient mieux encore ; ils dressaient des attelages complets de tigres de l'Inde. Ainsi le jeune fou qui gouverna l'empire pendant quelques instants sous le nom d'Héliogabale, voulant imiter ce que la mythologie raconte de Bacchus, parcourut Rome, couronné de pampres et de raisins, monté sur un char traîné par six grands tigres de l'Inde, et suivi d'une foule d'hommes et de femmes vêtus en satyres et en bacchantes. On a vu de même, dans les rues de Varsovie, un prince polonais se faire traîner par un attelage d'ours blancs.

JULES.

Si j'en voyais autant, je n'aurais pas assez de jambes pour courir aussi vite que je le voudrais.

M. LORIMER.

Tu aurais tort; la peur est indigne de l'homme : avec du courage et du sang-froid on se tire presque toujours des plus grands dangers. Il faut donc s'habituer à ne jamais s'effrayer, mais bien apprécier à l'instant même la position où l'on se trouve, et à calculer en même temps les meilleurs moyens d'y faire face. Les malheurs sont ordinairement la suite de la crainte et de la faiblesse du courage.

JULES.

Mais se rencontrer en face avec un lion, un tigre, ou des ours blancs!

M. LORIMER.

S'ils ont subi le joug de l'homme, ils sont peu à craindre; dans leur état de nature, ils sont bien moins redoutables qu'on ne le pense. Dans l'Inde, les chasseurs de tigres sont obligés de tirer sur ces animaux plusieurs fois, avant de les contraindre à suspendre leur fuite et à se défendre. Victor Jacquemont, intrépide voyageur français, avait conçu le plus grand mépris pour le tigre; il se plaint quelque part de ne pouvoir parvenir, quoi qu'il fasse, à en voir un de près; ils ne savaient que fuir comme de timides lièvres. Arago, qui a voyagé autour du monde, raconte, dans un de ses curieux récits, qu'un horloger français, établi au cap de Bonne-Espérance, n'a pas de plus grand plaisir que d'aller chasser le lion dans les environs du Cap; un jour, il en rencontra un de la plus grande taille, qui n'osa jamais l'attaquer le premier, quoiqu'il se fût avancé si près de lui que leurs haleines se confondaient : le chasseur tenait le lion au bout de son fusil; mais il avait eu le caprice de ne pas être ce jour-là le premier agresseur, il attendait que l'animal commençât l'attaque; le lion, après l'avoir fixé et être revenu près de lui plusieurs fois, se mit à courir et disparut.

JULES.

Je lui souhaite bien du plaisir; mais jamais je n'accompagnerai ce monsieur à la chasse.

M. LORIMER.

C'est que tu n'es qu'un poltron... Pour te familiariser avec la vue de ces animaux, je te conduirai aujourd'hui au Jardin des Plantes, et lorque tu auras vu le lion, le tigre, les ours vivants, les singes et le cabinet, je te donnerai quelques instructions sur l'histoire naturelle.

JULES.

Ah ! papa, quel bonheur! comme je vais bien m'amuser.

Les deux interlocuteurs dont je viens de vous rapporter la conversation étaient un ancien officier général, retiré du service après d'honorables campagnes, et son jeune fils, dont il se plaisait à faire lui-même l'éducation ; c'était sa plus chère occupation, et il en était amplement récompensé par l'attention que Jules portait à ses instructions, et par la constante application de cet enfant à remplir ses devoirs.

Dans l'après-midi du jour où avait eu lieu l'entretien, M. Lorimer, selon sa promesse, mena Jules au Jardin des Plantes. En s'y rendant il lui apprit l'origine de cet établissement.

CHAPITRE II.

Le lendemain de la visite au Jardin des Plantes, Jules ne parlait que de ce qu'il avait vu la veille. Le palais des singes avait excité son admiration; il riait encore du magot qui, lorsque ses pétulants camarades le taquinaient par trop, grimpe au faîte de la coupole, se met gravement à carillonner avec une cloche dont le son met en fuite la foule turbulente.

Les ours, si grotesques dans leurs postures, l'avaient aussi beaucoup amusé; enfin il décrivait pompeusement la promenade de la girafe, la masse informe de l'éléphant, et les allures pleines de souplesse des lions et du tigre. Le jaguar surtout avait attiré son attention; il ne concevait pas comment en Amérique de simples enfants osent affronter ce terrible animal. Depuis le matin, Jules s'attachait à chaque personne de la maison qu'il rencontrait pour lui parler de ce qu'il avait vu. Après le dîner, M. Lorimer le conduisit dans son cabinet, et lui dit : — Mon cher enfant, pour que notre promenade d'hier te soit utile, nous aurons ensemble plusieurs entretiens qui graveront dans ton esprit les notions d'histoire naturelle nécessaires à ton âge, et te donneront des idées nettes et précises sur ce sujet intéressant.

JULES.

Si tu es content de moi, papa, veux-tu commencer dès aujourd'hui?

M. LORIMER.

Très volontiers... Tiens, voici une gravure, examine-la et tâche d'en découvrir le sujet.

JULES.

C'est, je crois, Adam et Eve dans le Paradis terrestre, entourés de tous les animaux... Comme il y en a! Les uns semblent se prosterner, les autres descendent du haut des airs, les autres sortent du fond des eaux. Je reconnais le chameau, le bœuf, le lion, l'éléphant, le zèbre, le cerf, l'aigle, et une foule d'autres.

M. LORIMER.

Dieu avait achevé le magnifique ouvrage de la création, l'homme existait, et la première femme, sortant depuis quelques instants des mains du Tout-Puissant, venait de recevoir la mission d'embellir l'existence du père du genre humain. Adam dès lors pouvait communiquer ses pensées à un être doué comme lui d'une âme riche du don magnifique de l'intelligence; Eve jouissait avec extase de la vie, tout était pour elle un sujet d'admiration, lorsque son époux voulut lui faire connaître les beautés du lieu de délices leur séjour, et les êtres animés sujets de son empire. Tous les deux se placèrent sur un lieu élevé qu'ombrage un palmier majestueux : à la voix d'Adam toutes les créatures s'approchent en foule, et comme si, à cette époque primitive, leur instinct était plus voisin de l'intelligence que dans les âges de déchéance, ils semblent témoigner par leurs regards les respects qu'ils doivent aux deux rois de la création, formés à l'image de Dieu, et qui portent empreint sur le front le signe de leur divine origine. Adam nomme ensuite chacun de ces animaux à sa compagne, qui les admire et est plongée dans un ravissement ineffable. Tel est le moment que l'artiste a choisi pour sujet.

JULES.

Cette gravure conviendrait parfaitement comme frontispice à un ouvrage d'histoire naturelle, puisqu'elle retrace l'image de diverses classes d'êtres animés.

M. LORIMER.

C'est pourquoi j'attire sur elle

ton attention ; ne t'inspire-t-elle pas quelque réflexion ?

JULES.

Oui, elle me rappelle celle que je faisais hier dans le cabinet d'histoire naturelle : que le nombre des animaux est bien grand, et que je ne comprends pas comment on peut en retenir les noms et les distinguer les uns des autres.

M. LORIMER.

C'est cette connaissance qui constitue la science de l'histoire naturelle, science que tu es trop jeune encore pour approfondir ; mais, si tu veux, je te donnerai, dans ce qui ne te paraît qu'un choas, un moyen de porter l'ordre et la lumière.

JULES.

Si je le veux! c'est mon plus grand désir; tu peux compter sur mon attention et sur ma reconnaissance.

M. LORIMER.

Commençons donc. Pour mettre de l'ordre dans l'étude de l'histoire naturelle, les naturalistes ont divisé par classes tous les êtres de la création; ils ont donné le nom de règne inorganique à la classe qui comprend les corps bruts et inanimés, comme les pierres, les métaux, l'eau et l'air.

JULES.

Que signifie inorganique?

M. LORIMER.

Ce mot veut dire sans organes. Les organes sont toutes les parties du corps nécessaires au maintien de l'existence et au service du corps, comme les yeux, les oreilles, les narines, la langue, les mains, que l'on appelle organes des sens; les membres, la peau, le cœur, l'estomac, les intestins, etc.

La seconde classe comprend donc les êtres qui possèdent des organes; elle forme le règne organique.

JULES.

Ainsi celle-là renferme tous les animaux?

M. LORIMER.

Et plus encore, les arbres et les plantes de toute espèce.

JULES.

Comment? mais je ne leur vois pas d'organes; un arbre n'a ni yeux, ni mains, ni cœur, ni intestins. — Il n'est pas vivant.

M. LORIMER.

Pourquoi donc dis-tu que ton rosier est mort?

JULES.

Parce qu'il ne donne plus ni feuilles ni roses, et qu'il est tout sec.

M. LORIMER.

C'est qu'il était vivant lorsqu'il te donnait ces jolies productions; les organes d'un végétal sont la racine, la tige, les branches, les feuilles, les fleurs, les fruits; dans la plante il y a des vaisseaux, et dans les vaisseaux de la sève, liqueur qui circule comme le sang dans notre corps.

JULES.

Ce qui vit, se nourrit; et les plantes ne mangent pas.

M. LORIMER.

Pourquoi fume-t-on la terre avant d'ensemencer et de planter? Ce fumier est la nourriture de la plante, qui s'en empare non par une seule bouche, mais par des milliers de bouches fixées sur les filets les plus déliés de la racine. Les plantes respirent aussi comme toi, mais par leurs feuilles. Tu vois donc qu'elles sont vivantes.

JULES.

C'est vrai ; mais je ne m'en doutais pas.

M. LORIMER.

Continuons. Le règne organique se divise, comme tu le vois, en végétaux et animaux ; puis on subdivise les animaux en deux autres grandes classes, suivant qu'ils ont ou n'ont pas d'os.

JULES.

Comment? des animaux sans os?

M. LORIMER.

Certainement; le hanneton, la mouche, la limace, ont-ils des os?

JULES.

Non, vraiment.

M. LORIMER.

Il y a donc des animaux qui ont des os, et d'autres qui n'en ont pas.

On appelle les premiers vertébrés, parce qu'ils ont une épine du dos formée d'os nommés vertèbres; les autres sont dits invertébrés ou sans vertèbres.

La division des vertébrés se partage en quatre classes :

1° Les mammifères, comprenant les animaux qui nourrissent leurs petits de lait jusqu'à ce qu'ils soient assez forts pour chercher eux-mêmes leur subsistance. Le chien, le cheval, le bœuf, le lion, sont des mammifères.

2° Les oiseaux, qui sont couverts de plumes, qui ont un bec au lieu de bouche et de dents, qui se soutiennent dans l'air avec des ailes, et qui pondent des œufs qu'ils couvent ensuite pour donner naissance à leurs petits.

3° Les reptiles, dont la peau est chez la plupart couverte d'écailles, qui traînent leur ventre sur la terre en marchant, et qui pondent des œufs comme les oiseaux.

4° Les poissons, destinés à vivre dans l'eau, où ils se meuvent avec des nageoires qui leur tiennent lieu de membres.

La classe des invertébrés se subdivise à son tour :

1° En mollusques, animaux mous, qui vivent pour le plus grand nombre dans les coquillages de la mer, comme les huîtres, les moules, etc. Sur terre, nous avons les limaces et les limaçons.

2° Les animaux articulés, qui ont une peau dure formant diverses pièces mobiles articulées entre elles. On range dans la classe des articulés les insectes, les écrevisses ou crustacés, les araignées et les vers.

3° Enfin les animaux rayonnés, qui sont les plus simples de tous en organisation; ils sont formés de rayons mobiles disposés autour d'un corps en forme de sac, qui n'a qu'une ouverture pour prendre les aliments et rejeter le résidu de la digestion; dans cette classe se trouvent surtout les polypes, les étoiles de mer, etc.

JULES.

Je commence à m'y reconnaître; je crois que je pourrais

entreprendre de former un cabinet d'histoire naturelle; j'aurais une chambre pour chaque classe.

M. LORIMER.

Tu es bien présomptueux... Et comment mettrais-tu de l'ordre dans chaque chambre? Par exemple, dans ton cabinet de mammifères, on verrait le singe à côté du lion, le rat à côté de l'éléphant. Une classe, vois-tu, est elle-même subdivisée en ordres, puis l'ordre en genre, et chaque genre en espèces; et, avant de connaître tout cela, il est impossible d'entreprendre la moindre production naturelle. Mais c'est assez pour aujourd'hui de ce que je t'ai appris; nous reprendrons demain notre conversation.

CHAPITRE III.

M. LORIMER.

Je te parlerai aujourd'hui des mammifères, qui forment la première classe des animaux vertébrés. On divise la classe des mammifères en neuf ordres. 1° Les bimanes, division qui renferme la race humaine et ses variétés; savoir : la variété blanche ou indo-européenne.

2° La variété noire ou éthiopique, qui habite l'Afrique. 3° La variété jaune ou mongolique, qui se trouve dans l'Asie orientale, où elle peuple la Chine, la Cochinchine, le Thibet et la Tartarie. 4° La variété rouge, formée de peuplades sauvages de l'Amérique.

Le second ordre est celui des quadrumanes ; il se compose des nombreuses tribus de singes : quadrumanes veut dire qui a quatre mains. En effet, les singes n'ont pas le pied conformé comme le nôtre ; il est plat, les doigts en sont allongés, flexibles, disposés pour saisir comme notre main, et c'est en effet une véritable main fort adroite.

JULES.

Oui, je me rappelle que les singes du Jardin des Plantes se suspendaient par les pieds, et qu'ils saisissaient leurs barreaux aussi bien avec cette partie qu'avec les mains.

M. LORIMER.

Au lieu de dire qu'ils se suspendaient par les pieds, tu diras désormais par les mains inférieures, puisqu'ils ont quatre mains, et que l'homme seul est bimane, c'est-à-dire pourvu de deux mains. Les singes se divisent en singes proprement dits, qui habitent l'Asie et l'Afrique, et en singes à nez plat, qui se trouvent en Amérique. Les vrais singes se subdivisent en plusieurs genres, les pongos ou jockos, les gibbons, les macaques, les cynocéphales et les guenons. Les pongos se trouvent en Afrique, dans les royaumes du Congo et de Loango, et en Asie, dans les grandes îles de Bornéo et de Sumatra ; ils ont communément de cinq pieds et demi à six pieds de hauteur ; leur force est prodigieuse ; un seul d'entre eux peut terrasser dix hommes. De tous les singes, ce sont ceux qui se rapprochent le plus de l'homme par les formes, et surtout par un instinct qui semble voisin de l'intelligence.

JULES.

Pourquoi n'y a-t-il pas de ces orangs en France?

M. LORIMER.

Le climat est trop froid pour eux, ils ne peuvent le supporter; plusieurs fois on a essayé d'élever des jeunes orangs à Paris, mais tous y sont morts en peu de temps.

Les gibbons habitent l'Asie comme les orangs, ils n'ont que trois pieds de haut, et leurs bras sont si démesurément longs, que les mains touchent à terre. Les cynocéphales sont de grands singes d'Afrique fort méchants, hideux, tels que le mandrill, le papion, le drill; ils tirent leur nom, cynocéphale, qui veut dire en grec tête de chien, de leur museau allongé comme celui d'un épagneul. Les guenons sont de petits singes, les uns vifs, malicieux, malfaisants, qui se trouvent en Afrique; les autres plus graves et plus doux, qui habitent l'Asie.

JULES.

Mais je croyais qu'une guenon était la femelle d'un singe.

M. LORIMER.

Pas plus qu'une perruche n'est la femelle d'un perroquet. C'est le nom d'un genre : il y a des guenons mâles et des guenons femelles.

Les singes américains ont pour la plupart une queue longue et prenante, c'est-à-dire qu'ils se servent de leur queue pour se suspendre aux arbres, et pour prendre sans se baisser les objets qui sont un peu plus loin que la portée de leurs mains. Ces singes sont constamment sur les arbres, à l'exception de quelques espèces qui vivent à terre. Les sajous, les alouates, les hurleurs sont des singes à queue prenante; l'ouistiti est une des principales espèces de singes de terre.

Après les singes, dans l'ordre des quadrumanes, viennent les makis ; ces animaux ressemblent aux singes par leurs quatre mains, mais leurs formes les rapprochent des autres mammifères dits quadrupèdes. La plupart des makis se trouvent dans la grande île de Madagascar.

Le troisième ordre des mammifères est l'ordre des carnassiers ; il comprend les animaux qui se nourrissent spécialement de proies vivantes. On subdivise cet ordre, le plus nombreux de tous, en cinq familles : 1° les chéiroptères ; 2° les insectivores ; 3° les plantigrades ; 4° les digitigrades ; 5° les amphibies.

Les chéiroptères sont des animaux singuliers par leur conformation, puisque, bien qu'ils soient mammifères, couverts de poils, et qu'ils se rapprochent de l'homme par leur conformation, néanmoins ils sont destinés à poursuivre dans l'air les insectes qui leur servent de proie. Ces animaux sont les chauves-souris ; leur nom, CHÉIROPTÈRE, signifie qui a des ailes aux mains. Dans les contrées équatoriales, on trouve de grandes chauves-souris, appelées roussettes, dont plusieurs ont cinq pieds de l'extrémité d'une aile à l'autre.

JULES.

C'est ce qu'on appelle l'envergure. Mais pourquoi le nom de chéiroptère veut-il dire ailes aux mains?

M. LORIMER.

Parce que l'aile des chauves-souris est formée par le bras et surtout les doigts prodigieusement allongés, et par la peau qui s'étend entre le corps et ces parties. La troisième famille est celle des insectivores ou mammifères qui se nourrissent d'insectes. Dans cette famille se trouvent le hérisson, la taupe, la musaraigne.

JULES.

Pour le hérisson, je le connais parfaitement ; mon grand cousin, celui que nous appelons l'Amiral, parce qu'il voulait être marin, en avait un. Je me souviens qu'il faisait un terrible massacre de hannetons qu'on lui servait dans de grands pots à fleurs.

M. LORIMER.

Tous les insectivores rendent de grands services en détruisant des myriades d'insectes ; aussi ne faut-il pas les détruire.

JULES.

J'aimerais bien avoir un hérisson ; mais c'est dommage qu'il soit couvert de piquants : on ne sait par où le prendre.

M. LORIMER.

C'est là son seul moyen de défense. Lorsque quelque ennemi l'attaque, il se roule en boule et lui présente de toute part une masse inabordable d'épines cruelles.

La famille des plantigrades renferme tous les carnassiers qui ont le pied court, et qui en posent la plante sur le sol en marchant; c'est à cette manière de poser le pied que la famille doit son nom, PLANTIGRADE, qui marche sur la plante du pied, GRADE, venant du mot latin GRADIOR, je marche. Dans cette famille sont rangés les ours, les blaireaux, les ratons, animaux d'Amérique qui ont de la ressemblance avec le renard.

JULES.

Et l'ours est-il très féroce?

M. LORIMER.

Tu veux dire très carnassier. L'ours brun des Alpes, l'ours roux des Pyrénées, sont omnivores, et vivent autant de racines que de chair; jusqu'à l'âge de trois ans, ils ne mangent que des racines et des fruits. L'ours noir d'Amérique préfère les fruits et le miel à la viande; l'ours jongleur de l'Inde ne mange jamais de chair; il n'y a que l'ours blanc qui soit plus carnassier que frugivore, et cela tient aux contrées polaires peu fertiles qu'il est destiné à habiter.

JULES.

Oh! l'ours blanc, il est bien méchant! j'ai lu sur lui de terribles histoires. De quoi se nourrit l'ours blanc?

M. LORIMER.

De phoques, de morses, de baleines mortes et de poissons.

La quatrième famille, celle des digitigrades, comprend les animaux dont les pieds sont très longs et les doigts très courts, de sorte qu'en marchant ils ne posent que sur l'extrémité des doigts. Aussi chez ces animaux ce qu'on appelle jambe est le pied, ce que l'on nomme cuisse est la jambe, et la cuisse ne se voit pas, étant cachée sous la peau, où elle forme la croupe. Parmi les digitigrades on compte les martes, petits animaux dont le corps est très allongé et la fourrure fine et recherchée; elles sont très carnassières, et se nourrissent d'œufs, d'oiseaux, d'insectes et de reptiles; la belette, la fouine, l'hermine, le furet, appartiennent au genre marte.

JULES.

C'est très joli un furet; je voudrais bien en avoir un.

M. LORIMER.

Ce petit animal est très dangereux, et de plus il répand une odeur insupportable.

JULES.

Et pourquoi le furet est-il dangereux ?

M. LORIMER.

Comme il est originaire d'Afrique, pour le conserver dans nos climats, il faut beaucoup de soins ; il faut le tenir bien chaudement enfermé dans de l'étoupe ou de la filasse, le nourrir de lait, d'œufs, et rarement de viande de poulet cuite. Il en résulte que l'animal éprouve un désir très violent de prendre une nourriture plus convenable à la nature, qu'il parvient quelquefois à s'échapper et attaque les animaux de la maison, quelquefois même de jeunes enfants.

Après les martes viennent les civettes, dont le ventre porte une poche remplie d'une matière très parfumée; puis les loutres, qui ont une fourrure épaisse, le corps plat et bas sur jambes, et les doigts unis par une membrane qui les transforme en nageoires; aussi les loutres, comme tous les animaux dont les pieds sont ainsi conformés, vivent sur le bord des eaux, nagent très bien, et se nourrissent de poissons. Les hyènes suivent les loutres dans la classification; puis viennent les deux grands genres des chiens et des chats.

JULES.

Les chiens et les chats, pourquoi les nommes-tu deux grands genres ?

M. LORIMER.

Parce qu'ils sont composés de nombreuses et importantes espèces. Ainsi le genre chien compte parmi les siennes les loups, les renards, et toutes les variétés de chiens domestiques. Dans le genre chat sont compris : le lion, le tigre royal, la panthère, le léopard, le jaguar, le couguard, l'ocelet, le marguay et plusieurs autres chats de l'Amérique et de l'Asie, le chat domestique, et enfin les lynx, dits communément loups-cerviers.

JULES.

Quoi! le lion, le tigre, ne sont que des chats?

M. LORIMER.

Oui, examine bien ton chat, tu lui trouveras toute la démarche et les allures du tigre; ce sont les mêmes mœurs, les mêmes habitudes. Tous ces animaux font entendre le même murmure sourd lorsqu'on les caresse, ce murmure que tu compares au bruit d'un rouet; tous font patte de velours en jouant, parce que leurs ongles sont rétractiles, c'est-à-dire susceptibles d'être relevés au-dessus du doigt et cachés sous les poils.

JULES.

J'aime mieux le genre des chiens que celui des chats; au moins les chiens sont bons, ils s'attachent à leur maître, et sont reconnaissants. Quand je dis les chiens, je ne veux parler ni du loup ni du renard.

M. LORIMER.

Le chien domestique nous donne des exemples continuels d'attachement; mais considère aussi que sa domesticité remonte bien haut, au-delà même des temps historiques, qu'il est passé dans sa nature de vivre avec un maître et de lui être fidèle. Mais il est déjà cinq heures, notre conversation a été fort longue; demain nous continuerons.

CHAPITRE IV.

Nous sommes restés hier sur le genre des chats, qui termine la famille des digitigrades; les amphibies composent la famille suivante, la dernière de l'ordre des carnassiers. Le nom d'amphibie veut dire existence double. En effet, les animaux de cette division vivent sur la terre et dans l'eau, leurs pieds sont palmés, et font le double office de nageoires dans l'eau et de pieds à terre. Parmi les amphibies, les uns sont carnassiers et vivent de poissons, les autres sont herbivores. Les genres phoque ou veau marin, et morse, composent cette division. On trouve des phoques dans toutes les mers, mais les espèces les plus recherchées habitent les côtes les plus reculées des terres antarctiques. De nombreux bâtiments partent tous les ans des ports de l'Angleterre et des Etats-Unis pour la pêche ou plutôt la chasse des phoques, dont les uns fournissent une fourrure très estimée, et les autres de l'huile en abondance.

L'ordre quatrième est celui des marsupiaux ou animaux à bourse, qui portent une poche sous le ventre, dans laquelle les petits se retirent pendant la première période de leur existence. Les sarigues de l'Amérique méridionale, les kanguroos de la Nouvelle-Hollande, et presque tous les mammifères de cette île immense et des îles qui l'entourent, sont des marsupiaux.

L'ordre cinquième, celui des rongeurs, est riche en espèces; mais la plupart sont très petites. Les rongeurs sont des animaux timides, craintifs, qui font presque tous leur nourriture de substances végétales. Le nom imposé à l'ordre vient de l'habitude où sont ces animaux d'user avec leurs dents incisives les substances qu'ils dévorent. Plusieurs rongeurs se creusent des terriers, et un genre, celui des castors, bâtit de véritables maisons. Les écureuils, les marmottes, le rat, la souris, le loir, le mulot, le rat d'eau, le chinchilla ou rat des Cordillières du Chili, le lièvre, le lapin, l'agouti, le cochon d'Inde, le castor, sont des rongeurs.

Le sixième ordre est celui des édentés. On appelle ainsi tout une division d'animaux dont les uns manquent d'une ou de plusieurs sortes de dents, et dont quelques genres même n'ont pas du tout de dents. L'aï ou paresseux, les tatoux, dont la peau est couverte d'écailles, les fourmiliers, qui prennent les fourmis avec leur langue extensible et gluante, les échidnés et les ornithorynques de la Nouvelle-Hollande, qui pondent, à ce que l'on croit, des œufs comme des oiseaux, mais qui ont des mamelles pour allaiter leurs petits, sont rangés dans cet ordre.

Vient ensuite l'ordre plus important des pachydermes. Tous les animaux dont la peau est très épaisse sont, comme l'indique ce nom en grec (cuir épais), des pachydermes. On distingue dans cet ordre les proboscidiens, dont le nez excessivement prolongé et mobile porte le nom de trompe. Cet organe, outre qu'il sert à respirer, est une sorte de main très adroite, terminée par un prolongement qui, comme un doigt, saisit les objets les plus déliés. L'éléphant et le tapir sont proboscidiens. Il y a deux espèces d'éléphants, celui d'Asie et l'éléphant d'Afrique.

Après les pachydermes viennent les ruminants, qui forment l'ordre huitième. Les ruminants sont des animaux herbivores qui peuvent faire remonter dans la bouche les aliments qu'ils ont avalés, afin de les broyer une seconde fois. Ils ont quatre estomacs, leur mâchoire supérieure n'a pas de dents incisives, leurs pieds ont deux doigts apparents et deux ongles. Dans cet ordre sont des animaux que tu connais bien : les lamas, les chamaeux, la girafe, le cerf, l'élan, le renne, le daim, le chevreuil, les gazelles, le bœuf, la brebis, la chèvre, etc.

JULES.

Qu'est-ce que cet animal dont voici la figure, et qu'on appelle nigaud? Je croyais qu'un nigaud était une espèce d'imbécile.

M. LORIMER.

C'est que le graveur a mal orthographié le nom; il fallait nylgaut, c'est-à-dire en indoustan taureau bleu. Le nylgaut est une gazelle de la taille d'un cerf, qui se trouve dans toute la partie basse de la chaîne de l'Hymalaya; le mâle a le pelage gris cendré, mais la femelle est fauve. Tu vois que le nom de cette gazelle n'a rien de commun avec le mot nigaud, qui signifie quelqu'un sans expérience;

tel est un petit garçon de ma connaissance que l'on a surnommé Léon-le-Nigaud, parce qu'il ne veut pas comprendre le danger, qu'il n'écoute pas ce qu'on lui dit, et qu'il est toujours la dupe de sa désobéissance. Ainsi, il grimpe sans cesse sur les tables, sur les chaises, quoiqu'on lui répète qu'il risque de tomber et de se casser un membre. Un jour mon nigaud monte sur un tabouret, tombe à la renverse, et se fend la tête sur l'angle du bureau; il manqua de se tuer; heureusement pour lui qu'il en fut quitte pour rester au lit sans boire ni manger pendant plusieurs jours.

Une autre fois on lui dit de jeter une fleur qu'il avait cueillie, parce qu'elle pourrait l'empoisonner. Mon nigaud s'en va bien vite cueillir de cette plante afin d'en manger ; sa désobéissance fut punie encore par des douleurs d'estomac et d'entrailles très fortes, et il fut amplement purgé. Il ne veut pas croire que le feu brûle, et il se rôtit le bout des doigts. On lui défend de toucher aux instruments tranchants, et il n'a rien de plus pressé que d'en prendre et de se couper. Enfin, mon nigaud, persuadé qu'une serpe ne pouvait couper que le bois, en ramasse une qu'on avait laissée par mégarde au jardin, et il se fait une profonde coupure à la cheville du pied, pour laquelle il est encore aujourd'hui au lit, fort heureux de ce qu'on ne lui a pas coupé la jambe.

JULES.

Voilà un vrai nigaud ; on ne peut pas désobéir plus bêtement qu'en risquant de se tuer ou de s'estropier. Il faut espérer que l'aventure de la serpe le rendra plus prudent.

M. LORIMER.

Je le souhaite pour son père et sa mère, qu'il inquiète sans cesse, et pour lui-même, car il finirait par passer pour un imbécile.

JULES

Nous étions aux ruminants.

M. LORIMER.

Oui, l'ordre suivant, le neuvième et le dernier des mammifères, est celui des cétacés; ce nom vient d'un mot grec qui veut dire baleine. La baleine, les lamantins, les cachalots et les dauphins sont compris dans cet ordre.

JULES.

Comment! ces animaux ne sont pas des poissons?

M. LORIMER.

Non; les anciens naturalistes les considéraient comme poissons, parce qu'ils vivent dans la mer, sans remarquer qu'ils ont l'organisation des animaux terrestres : ainsi ils respirent comme nous par des poumons, ils allaitent leurs petits, ils ne sont pas ovipares, ils n'ont pas de nageoires, mais leurs quatre membres sont disposés de manière à en tenir lieu.

JULES.

Pourquoi pêche-t-on la baleine ?

M. LORIMER.

Pour fondre la graisse, qui donne une huile utile dans les arts, et pour prendre les lames de corne appelées fanons qui recouvrent son palais et forment sa lèvre supérieure. Ces lames souples et très flexibles donnent la baleine du commerce.

JULES.

Quoi! la baleine du corset de maman? celle de ma cravache?

M. LORIMER.

Oui. Le cachalot, autre cétacé, fournit la cétine, matière grasse et transparente dont on fait les bougies diaphanes, et l'ambre gris, recherché comme parfum.

J'entends ta mère qui nous appelle; demain je te parlerai des oiseaux et des poissons.

CHAPITRE V.

JULES.

Tu m'as promis de me décrire aujourd'hui les classes des oiseaux et des poissons. Comme il y a de magnifiques oiseaux au Jardin des Plantes, si j'étais grand je voudrais en faire une belle collection.

M. LORIMER.

Tu pourras apprendre à empailler, et alors tu te formeras un cabinet à peu de frais; c'est une charmante occupation.

Les oiseaux, comme tu le sais, forment la seconde classe des animaux vertébrés ; on les divise en six ordres.

1° Les oiseaux de proie, divisés en diurnes, ou qui chassent le jour, et en nocturnes, c'est-à-dire qui chassent la nuit. Les oiseaux de proie sont forts, hardis ; ils ont un bec dur, recourbé en pointe, et des pieds nommés serres armés d'ongles tranchants. Parmi les oiseaux de proie diurnes on compte : l'aigle, le faucon, l'autour, l'épervier, le milan, les buses, le griffon ou vautour des agneaux, qui se trouvent dans les hautes montagnes, enfin les vautours.

Les oiseaux de proie nocturnes ne peuvent supporter la lumière, ils ne sortent que la nuit; ils ont de grands yeux semblables à ceux des chats. Ces oiseaux sont : les ducs ou hibous, dont la tête a deux aigrettes de plumes en forme d'oreilles, et les chouettes, qui n'ont pas d'aigrettes.

2° Les passereaux, ordre nombreux qui se subdivise en cinq familles. Dans la première, celle des dentirostes, ou becs-dentés, on voit : les pies-grièches, les jolis tangaras américains, le magnifique ménure-lyre de la Nouvelle-Hollande, et plusieurs de nos oiseaux chanteurs, le merle, les grives, le rossignol, le rouge-gorge, la fauvette, le roitelet.

Dans la seconde famille, celle des fissirostres, ou becs-fendus, se trouvent l'engoulevent et les hirondelles.

Dans la troisième, les conirostres ou becs-coniques, se trouvent : le serin, le bouvreuil, le chardonneret, les bruants, les pinsons, les mésanges, les veuves, les magnifiques oiseaux de paradis, les geais, les pies et les corbeaux.

Dans la quatrième, les ténirostres, ou becs-fins, se rangent : la huppe, le grimpereau, le torcol, les colibris et les oiseaux-mouches, brillants comme des pierres précieuses, et si bien nommés par Buffon les bijoux de la nature.

Enfin, dans la cinquième famille, celle des syndactiles ou des doigts soudés, ainsi nommés parce que les doigts sont unis jusqu'aux ongles, on a placé les guêpiers, qui vivent d'abeilles et de guêpes, les callaos, oiseaux d'Asie au bec monstrueux, et les jolis martins-pêcheurs.

Le troisième ordre est celui des grimpeurs. On y trouve les pics et les coucous, oiseaux forestiers qui vivent d'insectes; les toucans, dont le bec est de la longueur du corps, et la brillante tribu des perroquets, des loris, si choyée dans notre pays et détestée dans le sien à cause de ses ravages.

L'ordre quatrième, celui des gallinacées, nous rend de grands services en nous fournissant d'utiles aliments; dans cet ordre se trouvent les pigeons, le coq et la poule, la perdrix, la caille, les faisans, le paon, la pintade, etc.

L'ordre cinquième renferme les oiseaux dits échassiers, parce qu'ils sont montés sur de hautes et longues jambes, destinés qu'ils sont les uns à courir sur le sable du désert, les autres sur les rives des marais et des rivières. Cet ordre se subdivise en cinq familles :

1° Les brévipennes ou échassiers à ailes courtes, tels que l'autruche, le nandou ou autruche d'Amérique, et le casoar, singulier oiseau de la Nouvelle-Hollande, qui porte un casque osseux sur la tête, et dont les plumes semblent être de longs crins noirs.

2° Les cultrirostres ou becs-tranchants. Ces échassiers vivent sur les rivages et se nourrissent de poissons et de reptiles, ce sont les grues, les agamis; les hérons, les cigognes, les spatules.

3° Les longirostres ou échassiers à long bec, comme les ibis, les courlis, les bécasses, les barges, les maubêches, les alouettes de mer, les combattants, les chevaliers et les avocettes.

4° Les macrodactyles ou échassiers à gros doigts; ce sont : les jancanas, les kamichis, les râles, les poules d'eau, les perdrix de mer et les flammants.

L'ordre sixième est celui des palmipèdes ou pieds palmés; ces oiseaux ont les jambes courtes, placées en arrière, et mieux disposées pour la natation que pour la marche. Cet ordre comprend quatre familles.

1° Les plongeurs, qui vivent sur les côtes des mers, où ils se nourrissent de poissons et de mollusques. On remarque parmi les plongeurs : les plongeons, les grêbes, les guillemots, les pingouins, les manchots et les sphénisques.

2° Les longipennes, ou palmipèdes à longues ailes; ce sont les oiseaux de haute mer que l'on rencontre à de grandes distances des côtes; ils planent fort haut, et se précipitent comme la foudre pour saisir le poisson qui nage à fleur d'eau. Les genres principaux sont les suivants : les pétrels, les albatros, les goëlands, les mouettes, les hirondelles de mer et les becs-enciseaux.

3° Les totipalmes, ou pieds entièrement palmés, comme : les pélicans, les cormorans, les frégates, les fous, les anhingas et les oiseaux du tropique.

4° La dernière famille, celle des lamellirostres, comprend tous les oiseaux aquatiques dont le bec est plat et muni sur les bords de petites lames servant de dents. Les lamellirostres sont : le cygne, les canards, l'oie, la bernache, l'eider, les céréophis et les harles.

Quant à la troisième classe des vertébrés, elle renferme tous les animaux connus sous le nom de reptiles. On divise ces derniers en quadrupèdes ovipares et en reptiles apodes ou sans pieds; les uns et les autres traînent leur ventre contre terre en marchant : de là leur nom de reptiles; la peau est nue dans certains genres, écailleuse dans d'autres. Le sang des reptiles est rouge, mais froid; aussi la plupart de ces animaux passent l'hiver engourdis. Les œufs des reptiles du premier ordre ont une coquille dure.

La classe des reptiles se divise en quatre ordres :

1° Les chéloniens; cet ordre renferme toutes les tortues, animaux qui ont le corps logé dans l'intérieur de deux cuirasses osseuses, nommées carapaces. Il y a des tortues de terre, des tortues de mer, et des tortues d'eau douce : parmi les tortues de mer on distingue le luth et la tortue franche, dont le poids dépasse cent kilogrammes, et le caret, petite espèce qui fournit la substance nommée écaille dans les arts.

L'ordre second est celui des sauriens ; on le divise en deux familles, les crocodiliens et les lacertiens. Dans la première on range ces grands et terribles reptiles nommés crocodiles, gavials et alligators. La taille des crocodiles dépasse souvent dix mètres de longueur. La femelle dépose dans le sable des œufs dont la coquille est très dure. Ces animaux sont très voraces; ils entraînent leur proie dans l'eau pour la noyer avant de s'en repaître. Les gavials habitent les eaux des parties les plus chaudes de l'Asie et de l'Afrique; les crocodiles se trouvent également en Afrique, et les alligators en Amérique. La famille des lacertiens comprend une multitude de genres et d'espèces.

L'ordre troisième est appelé les ophidiens, parce qu'on y range tous les reptiles sans pieds nommés serpents. Cet ordre a trois familles : 1° les couleuvres, qui n'ont pas de crochets venimeux à la partie antérieure de la mâchoire. Dans cette famille se trouvent : le boa, le python de Java, et un grand nombre de petits serpents fort innocents, comme la couleuvre à collier, le serpent d'Esculape, la bordelaise.

2° Les serpents venimeux, qui ont à la partie antérieure de la mâchoire deux crochets mobiles, creux, aigus, par lesquels ils font couler dans les blessures des animaux qu'ils attaquent un venin mortel. On range dans cette famille : la vipère, l'aspic, le naja de l'Inde, le serpent noir des Antilles, le serpent à sonnettes, et une foule d'autres.

3° Les serpents nus, qui ont la peau molle et sans écailles ; on n'en connaît qu'un seul genre, les cécilies ou serpents aveugles, ainsi nommés parce que leurs paupières sont à peine entr'ouvertes. Les cécilies n'ont pas de venin.

L'ordre quatrième, celui des batraciens, renferme les grenouilles, les crapauds, les salamandres, les protées et les sirènes.

Enfin, la quatrième et dernière classe des vertébrés est la classe des poissons.

Tu sais que les poissons vivent uniquement dans l'eau, qu'ils respirent par des branchies, organes consistant en feuillets membraneux parsemés de vaisseaux, qui décomposent l'eau pour en absorber un des principes, comme les poumons des autres vertébrés décomposent l'air. Beaucoup de poissons ont, sous l'épine dorsale, une grande vessie qu'ils emplissent d'air et qu'ils vident à volonté ; par ce mécanisme ils se rendent plus légers ou plus lourds que l'eau, et peuvent s'enfoncer dans les profondeurs de l'eau ou s'élever à la surface. Les poissons se meuvent à l'aide de nageoires : on nomme nageoires pectorales celles qui sont sous la poitrine; ventrales, celles qui s'attachent sous le ventre; nageoires anales, celles qui se rapprochent de la queue; dorsales, les nageoires qui surmontent le dos; et caudales celles que produit la queue en s'aplatissant. La plupart des poissons sont ovipares; on les divise en deux ordres : 1° les poissons cartilagineux, c'est-à-dire ceux dont les os sont mous et flexibles; 2° les poissons osseux.

Le premier ordre comprend trois familles. 1° Les cyclostomes; on les reconnaît à leur bouche arrondie, placée au bout du museau, et formée par une lèvre charnue, demi-circulaire, soutenue par un anneau cartilagineux. Dans cette famille sont : les lamproies, les ammocètes et les gastrobranches.

2° Les plagiostomes. Leur nom signifie en grec bouche placée transversalement et derrière la tête. Ces poissons ont des nageoires pectorales et des nageoires ventrales ; les œufs éclosent dans le ventre de la mère. Cette famille renferme les squales, qui ont la queue grosse, charnue, et le corps allongé ; les requins, dont la mâchoire formidable est armée de plusieurs rangées de dents aiguës et tranchantes, disposées de manière qu'une rangée remplace l'autre, quand cette dernière éprouve quelque accident.

JULES.

Oh! les requins, j'ai lu que c'étaient des poissons bien dangereux, et que leur nom vient de REQUIEM, mot qui commence les prières des morts.

M. LORIMER.

C'est très exact; aussi le requin est l'effroi des marins, et il joue un grand rôle dans leurs récits.

Dans ma traversée d'Amérique en France, j'ai été témoin d'un de ces accidents. Je m'étais embarqué à la Vera-Cruz, sur un bâtiment marchand du Hâvre; parmi les passagers étaient deux jeunes Mexicains, frères jumeaux, âgés de dix-huit ans, fils d'un riche négociant de Mexico; ils allaient en France pour terminer leur éducation. Ces deux frères s'aimaient tendrement; ils étaient chéris du capitaine, de l'équipage et de tous les passagers, tant ils montraient d'amabilité, de douceur et de complaisance. Nageurs infatigables, une de leurs récréations consistait à suivre le vaisseau en se jouant dans l'écume de son sillage; ils restaient quelquefois une heure entière à la mer. Nous étions arrivés dans les parages du cap de Bonne-Espérance; l'Océan était calme, le vent soufflait faiblement, les deux frères profitèrent de cette circonstance pour se livrer à leur exercice favori. Le capitaine, qui veillait sur eux, faisait toujours jeter à la mer, dans cette circonstance, deux cordes armées chacune d'une bouée, et un matelot en vigie devait donner l'alarme s'il apercevait un requin. Nugnès et Alphonso, depuis une demi-heure, nageaient autour du brik. Tout-à-coup le matelot de vigie s'écrie : Un requin! un requin! L'alarme se répand sur le pont, tous ceux qui s'y trouvaient se penchent sur la mer, appelant à grands cris les deux frères. Nugnès saisit une des deux cordes et monte rapidement. Alphonso était plus loin, il se hâte ; le capitaine fait mettre en panne, pour que le jeune homme atteigne plus promptement le navire. De tous côtés on lance des cordes à la mer. Alphonso n'est plus qu'à une demi-encâblure d'une des bouées ; mais le monstre se dirige vers le malheureux, dont il veut faire sa proie. On voit distinctement le requin nager entre deux eaux et se retourner : un cri part de toutes les bouches. Alphonso comprend le danger, il plonge aussitôt et va reparaître a cent pas plus loin. Son mouvement avait été si rapide qu'il avait échappé au requin, qui s'élança sur la corde et la coupa en deux. Un matelot dans ce moment essaya de le harponner, mais inutilement; le monstre avait revu le malheureux jeune homme, et il se dirigeait de nouveau vers lui. Alphonso était plus éloigné du bord que lorsque le requin l'avait aperçu pour la première fois; il avait moins de chances de salut; cependant il ne perdait pas courage, et les yeux fixés sur l'horrible habitant des mers, il en épiait tous les mouvements pour tâcher de lui échapper encore. Le capitaine donne l'ordre de mettre une chaloupe en mer pour tâcher de sauver l'infortuné ; les matelots les plus intrépides se mettaient en mesure d'obéir, quand on entend le bruit d'un corps qui tombe à la mer. C'était Nugnès, qui s'était armé de deux longs poignards et nageait droit au monstre pour sauver son frère. Cependant Alphonso avait laissé le requin s'approcher de lui, et lui avait échappé en plongeant de nouveau ; Nugnès joignait alors le monstre, et, au moment où il se retournait, il lui plongea un de ses poignards dans le corps jusqu'à la garde, puis s'enfonça dans l'eau. On vit l'énorme poisson bondir, l'onde rougir autour de lui, trois fois il frappe les flots de sa queue. Alphonso se rapprochait à la hâte du vaisseau; le monstre furieux le revoit et s'avance sur lui avec rage. Nugnès reparaît entre eux : le requin s'arrête; l'intrépide jeune homme se glisse sous son ventre et lui fait de larges blessures; il s'attache aux flancs du requin, que l'on voit se dresser puis retomber avec fracas, cherchant à écraser son ennemi de sa masse pesante : il reparaît; mais Nugnès s'est séparé à temps du monstre, au milieu de l'écume ensanglantée que les convulsions de l'horrible animal font jaillir de toute part. La chaloupe arrive en cet instant, elle a recueilli Alphonso ; on crie à Nugnès de venir à bord : les uns lui tendent un aviron, les autres une corde. Alphonso, qui n'avait rien vu du dévouement héroïque de son frère, tremble en le voyant dans les eaux du monstre. Il appelle Nugnès, il veut se rejeter à la mer pour le ramener ; c'est avec peine que le second du navire, qui commande la chaloupe, emploie toute sa force pour le retenir. Nugnès suit des yeux le requin, qu'il n'ose plus approcher tant ses mouvements ont de furie, et contre les atteintes duquel il se tient en garde. Enfin le requin semble épuisé par la perte de son sang. Nugnès alors se rapproche de la chaloupe, il en saisit le bord, on s'empresse de l'aider, on l'enlève ; mais tout-à-coup un cri déchirant se fait entendre : c'est Alphonso, qui a vu le requin se redresser et s'élancer sur son frère. Un aviron qu'il a précipité dans la gueule du monstre est brisé comme une paille légère ; cependant il a suffi pour sauver Nugnès, dont la jambe n'a été que faiblement atteinte. Les deux frères tombent dans les bras l'un de l'autre, et s'évanouissent ; on les rapporte à bord sans connaissance ; et lorsqu'ils reprirent leurs sens, leurs premiers regards tombèrent sur leur redoutable ennemi étendu mort à leurs pieds : un matelot l'avait harponné, et le monstre avait succombé à cette nouvelle blessure. Depuis ce moment, les deux frères devinrent l'objet d'une sorte de culte de la part de tous ceux qui montaient le navire ; les matelots les saluaient respectueusement, et témoignaient pour eux la plus haute vénération ; tant il est vrai que le courage et la vertu excitent l'enthousiasme des hommes même les plus grossiers.

JULES.

Ah! Dieu, je suis soulagé! Quelle intrépidité et quel dévouement! Que je suis heureux qu'ils aient échappé à ce cruel requin!

M. LORIMER.

Tu le vois, le sang-froid et le courage triomphent des plus grands dangers; si Alphonso s'était laissé intimider à l'aspect du requin, il était perdu.

JULES.

C'est vrai; mais c'est bien difficile d'être courageux.

M. LORIMER.

Il faut, comme en toute chose, avoir assez de force d'âme pour se commander à soi-même. Celui qui ne peut vaincre ses défauts ne sera jamais qu'un lâche et un sot. En tout, il faut s'observer et faire des efforts pour triompher soit de ses imperfections naturelles, soit de ses mauvais penchants. Le paresseux doit s'astreindre au travail, et peu à peu il verra son aversion pour l'étude se dissiper; le plaisir qu'il éprouvera ensuite le dédommagera amplement de ses efforts. Souviens-toi toujours que la frayeur, même fondée, augmente le danger, et qu'elle n'est jamais permise à un homme dans aucune circonstance. Mais revenons à nos poissons de la seconde famille. Après les requins viennent les genres de milandres, des émissoles, des marteaux et des raies. Parmi ces dernières, on remarque la raie bouclée, la raie aigle, et la torpille, qui lance une si grande quantité d'électricité qu'elle foudroie les poissons qui veulent l'attaquer et ceux dont elle fait sa proie.

La famille troisième, celle des sturoniens, renferme entre autres le genre esturgeon. Ces poissons, qui atteignent une longueur de vingt-quatre pieds, remontent dans les rivières. Ils abondent surtout dans le nord; leur chair est bonne à manger; avec leur vessie natatoire on fabrique la colle dite de poisson, et leurs œufs confits se mangent sous le nom de caviar.

Le second ordre, celui des poissons osseux, est divisé en six familles. Dans la première sont rangés les diodons, les tétradons, les balistes et les chimères.

Dans la seconde on trouve : les syngnathes, les pégases et les hippocampes.

Dans la troisième on a placé le saumon, la truite, la truite saumonée, le hareng, l'anchois, la sardine, l'alose, le brochet, la carpe, le cyprin doré de la Chine, que nous élevons dans les bassins de nos jardins, et même dans des globes de verre dans nos appartements; viennent ensuite le goujon, la tanche, la loche, les silures.

La famille quatrième comprend les anguilles et les gymnotes, qui sont électriques comme la torpille.

La famille cinquième possède la morue, le merlan et les poissons plats, comme le turbot, la sole, la limande, le carrelet, etc.

Enfin, la sixième famille, composée des poissons à nageoires épineuses, renferme : la perche, la vive, le rouget, la baudroie, le thon, le maquereau, l'espadon et les chétodons.

Nous finirons ici cette courte exposition de la classification des animaux. Quant à ce qui regarde les invertébrés, au lieu de t'en parler actuellement, je te donnerai l'Album d'histoire naturelle, où tu trouveras de nombreuses figures d'animaux de toutes les classes, avec une classification complète de toutes les familles et des principaux genres.

FIN.

Limoges. — Imp. E. Ardant et Cie.

www.ingramcontent.com/pod-product-compliance
Lightning Source LLC
Chambersburg PA
CBHW070245100426
42743CB00011B/2135